Burner Motion
Muriel Sutter (Hrsg.)

burner

PARKOUR

Roger Widmer
ParkourONE Academy

hofmann.

Reihe Burner Motion
Herausgegeben von Muriel Sutter

Bisher erschienene Bände

▶ burner games
  Kleine Spiele
  mit großem Spaßfaktor

▶ burner games reloaded
  Neue Spiele
  für noch mehr Spaß

▶ burner games revolution
  Neue Ideen
  für ultimative Spielstunden

▶ burner speed handball
  einfach – attraktiv – schnell

▶ burner gladiators
  Kleine Fights
  für große Kämpfer

▶ burner parkour
  Effizient über
  Stock und Stein

Effizient
über Stock
und Stein

Vorwort

Effiziente Fortbewegung in urbanen Lebensräumen

Parkour, zumindest so wie ich diese Bewegungskunst betreibe und lebe, ist in ihrer Zielsetzung sehr gradlinig, hart und kompromisslos nach vorne gerichtet. Die Bewegungen sind in ihrer Endausführung mit denen von Jagen oder Flüchten zu vergleichen und dadurch höchst effizient. Akrobatische Elemente gehören per se nicht dazu, da sie dem Athleten auf seinem Weg zum Ziel nur Kraft und Zeit kosten würden.

So betrachtet ist Parkour als Randsportart zu platzieren und wohl kaum zum Breitensport tauglich. Doch weshalb interessieren sich immer mehr Menschen für die Kunst der effizienten Fortbewegung? Eine mögliche Antwort liegt auf der Hand – das Bedürfnis nach Freiheit und Unabhängigkeit sind gerade in einer urbanisierten Welt wie wir darin leben fast omnipräsent und Parkour bietet offensichtlich die Möglichkeit dieses Bedürfnis zu befriedigen.

Streben nach vorne

Als Pionier außerhalb Frankreichs bezeichne ich mich selbst als «Hardliner» in Bezug auf die Philosophie, Wertehaltung und Zielsetzung von Parkour. Dennoch oder gerade deshalb bin ich heute fest davon überzeugt, dass sich das Training für Parkour bei weitem vielfältiger gestalten sollte, als lediglich ein stures Perfektionieren von Überwindungstechniken.

Vorwort

Vielmehr ist es die Bewegungsvielfalt und die Offenheit neuen
Dingen gegenüber, welche als breites Fundament wirken, sich in
einer unbekannten Situation effizient Verhalten zu können.
Es ist dieses stetige Wechselspiel zwischen Freiheit und Sicherheit,
welches mich im Training vorantreibt.

Damit verbunden ist die Fähigkeit, bewusst eine Entscheidung treffen
zu können. Diese unterscheidet einen erfahrenen Traceur deutlich
von einem untrainierten Menschen. Denn auf Grund dieser Erfahrung
kann er in einer Stresssituation kühlen Kopf bewahren und abschätzen
ob er sich eher offensiv oder defensiv verhalten soll.

Somit sind also neben einer physischen Fitness ebenso mentale
Belastbarkeit, Kreativität und soziale Kompetenz bei Parkour
unabdingbar. Sich in diesen vier Inhaltsfeldern entwickeln zu wollen
ist ein menschliches Grundbedürfnis. Es ist das natürliche «Streben
nach vorne» welches bei jedem Lebewesen die treibende Kraft ist.
Im Kapitel «Aufbau nach TRuST» gehe ich vertieft auf die Wichtigkeit
dieser vier Inhaltsfelder ein.

Learning by doing

Mit diesem Buch will ich einen neuen, unkonventionellen und
spielerischen Zugang zu Parkour und die damit verbundenen
Wertehaltung ermöglichen. Ganz nach dem Leitsatz: «Sage es mir
und ich werde es vergessen. Zeig es mir und ich werde mich daran
erinnern. Lass es mich tun und ich werde es verstehen», sollen die
vorgeschlagenen Spiele zum aktiven Handeln und Reflektieren
auffordern. Wobei ich das Wort «verstehen» gerne mit «begreifen»
ersetze, da das Greifen eine der wichtigsten Erkenntnis bei Parkour
ist. Diese taktile Erfahrung enthält wichtige Informationen über die
Beschaffenheit und Materialität unserer Umwelt und hilft uns, wie
wir uns situationsgerecht Entscheiden sollen – eben ein bewusstes
Entscheiden über «fight-or-flight».

Flexibler Einsatz im Unterricht

Dieses Buch richtet sich dabei sowohl an Neueinsteiger als auch an
erfahrene Traceure welche ihren Horizont und ihr Trainingsspektrum
erweitern möchten. Einfache Anleitungen und Spiele lassen Lehr-
personen und Trainer die Freiheit, ob sie nun Parkour in ihrem
Unterricht als Ganzes thematisieren, als Ergänzung zu vorhandenen
Themen platzieren oder lediglich eine erfrischende Abwechslung

bieten wollen. Trauen Sie sich ruhig zu, neue Dinge auszuprobieren. Fühlen sie sich frei, die vorgeschlagenen Spiele und Regeln nach Ihren Wünschen anzupassen. Lassen sie Ihrer Kreativität freien Lauf – Parkour kennt kein richtig oder falsch! Selbsterklärend steht die Sicherheit der Teilnehmer an oberster Stelle.

Die Voraussetzung zur erfolgreichen Anwendung dieser Spielvorschläge sind, wie so oft, die Motivation und Authentizität der Lehrperson und die der Teilnehmenden. Also freuen Sie sich auf eine Vielzahl von Experimenten und Erfahrungen und lassen Sie Zufälle zu. Seien Sie offen für Neues und machen sie am besten gleich mit!

Auf die Schreibweise des Gender_gaps wurde zugunsten der Lesefreundlichkeit verzichtet. Mit der verwendeten Schreibweise sind selbstverständlich alle Geschlechtsidentitäten gemeint.

TRAIN HARD – TAKE CARE

Roger Widmer
Autor Burner Parkour
Geschäftsführer und Inhaber der ParkourONE GmbH

Einleitung

Zum ersten Mal Parkour?
Dies ist kein Hindernis. Mit diesem
Buch kann auch ohne Vorkenntnis-
se in Parkour gezielt und unfall-
frei gearbeitet werden. Das Buch
ist nach dem Bildungskonzept
TRuST (Training und Standard)
in 4 Inhaltsfelder eingeteilt und
grafisch charakterisiert. So ist auf
einen Blick erkennbar, welche
Schwerpunkte ein Spiel hat und
die Lektionen können durch eine
geschickte Auswahl ausgewogen
gestaltet werden.

1   Körper
Ein gesunder Geist wohnt in einem
gesunden Körper. Und der muss
trainiert und gepflegt werden!
Hier geht es um Kraft, Schnelligkeit, Beweglichkeit, Koordination
und Ausdauer.

2   Psyche
Traue ich mich, oder traue ich mich
nicht? Kann ich diese Übung schon,
oder bleibe ich besser bei der
einfacheren Variante? – Bei diesen
Spielen braucht es Überwindung.
Man lernt, sich selber und seine
Umgebung besser einzuschätzen.

3   Kreativität
Wie komme ich an mein Ziel?
Ist der schnellste Weg der Beste,
oder nehme ich lieber einen
Umweg und spare dabei Kraft und
Nerven? Hier ist Kreativität und
Entscheidungsfähigkeit gefragt.

4   Persönlichkeit
Man muss auch NEIN sagen
können. Man muss spüren, wann
jemand Hilfe braucht, und muss
lernen, wie man sich in heiklen
Situationen korrekt und fair
verhält. Eine reife Persönlichkeit
macht einen guten Traceur aus!

Inhalt

Parkour nach TRuST unterrichten

Aufbau nach TRuST

TRuST bietet eines der weltweit ersten und einzigen Schulungs-programme für Parkour an, welches Parkour in seiner ganzen Vielfalt zu vermitteln vermag. Dies bedeutet, dass TRuST nicht nur die physi-schen Komponenten wie Technik, Kraft, Schnelligkeit und Beweglich-keit berücksichtigt, sondern ebenso sehr Kreativität, mentale Belast-barkeit und den persönlichen Reifungsprozess in den Mittelpunkt stellt. Die Definition von «Parkour nach TRuST» ist wie folgt:

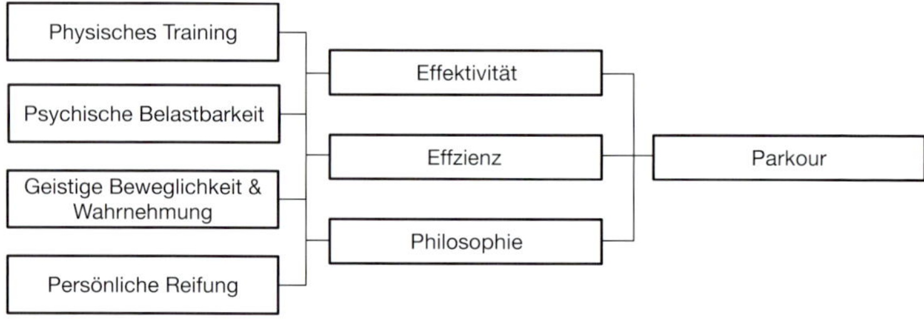

TRuST wurde in Zusammenarbeit mit einem Team aus einem Sport-wissenschaftler, Pädagogen, Lehrern, einem langjährigen Handball-trainer und einer Vielzahl von erfahrenen Traceuren entwickelt und setzte einen Meilenstein im Unterrichten von Parkour. Ein wichtiges Merkmal ist die klare Strukur von TRuST. Jede Lektion ist in 4 Phasen unterteilt. Dies erleichtert die Planung und sorgt für einen verständ-lichen und ritualisierten Ablauf. So wurde auch dieses Buch exempla-risch danach aufgebaut.

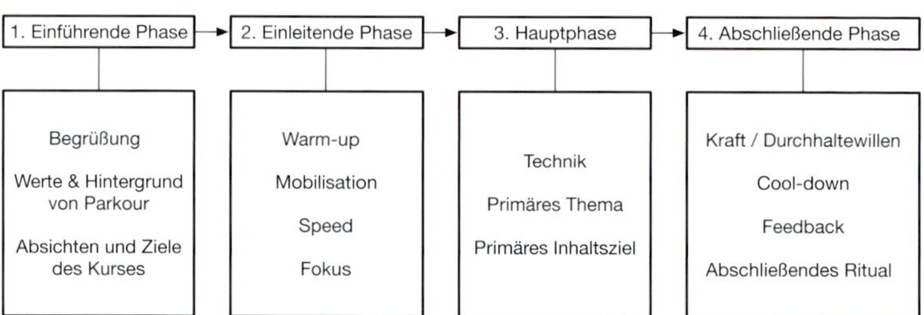

TRuST steht für «Training und Standards» und beschreibt das eigens entwickelte Parkour-Bildungsinstrument der ParkourONE Academy.

Parkour nach TRuST unterrichten

Phase I

Zu Beginn des Trainings werden die Teilnehmenden über die Hintergründe und die Wertehaltung nach TRUST sowie über die Zielsetzung und Regeln informiert.

Phase II

Warm-up

Die Warm-up-Phase ist dazu da, den Körper auf Betriebstemperatur zu bringen. Generell soll das Warm-up nicht zu anstrengend sein sondern einen optimalen Einstieg bieten. Das Warm-up suggeriert indirekt, wie intensiv das folgende Training ausfallen wird und ob bei der aktuellen Trainingslektion Freiraum für Fun und Kreativität bleibt oder ein hartes und diszipliniertes Training ansteht.

Mobilisation

Beim Thema «Mobilisation» wird bewusst auf eine spielerische Ausführung verzichtet. Stattdessen werden zwei Übungen vorgeschlagen, welche in Zusammenarbeit mit einem Sportwissenschaftler entwickelt und optimiert wurden. Dabei bleibt die Körpertemperatur konstant, die Gelenke werden unter Spannung durch ihre Amplitude geführt und das neuromuskuläre Zusammenspiel wird gefördert.

Speed

Hier wird der Kreislauf auf spielerische Art auf Touren gebracht.

Parkour nach TRuST unterrichten

Die drei Elemente Warm-up, Mobilisation und Speed stehen als Ritual am Anfang jeder Parkour-Lektion und gewährleisten eine optimale Vorbereitung auf die Spiele und Bewegungsabläufe.

Fokus

Diese Spiele dienen dazu, dass zusätzlich zum Körper nun auch der Geist und die mentalen Ressourcen bereit für das Training sind. Dabei bietet TRuST einerseits Balance- und Koordinationsübungen und andererseits teambildende Elemente. Die Spiele eignen sich jedoch nicht nur für einen Trainingseinstieg, sondern ebenso als vollwertige Herausforderung während einer Unterrichtseinheit.

Tipp
▸ Diese Ideen eignen sich auch sehr gut als Abwechslung auf dem Pausenplatz oder als teamfördernde Aufgabe in einer Projektwoche.

Phase III

Hauptteil

In diesem Teil des Trainings sollten die Teilnehmenden bestens vorbereitet sein, um alles zu geben. Wenn sie bereits müde sind, war die Phase II zu anspruchsvoll. Sind sie noch hibbelig und unkonzentriert war vielleicht der Fokus zu lasch. Die Spiele sind so konzipiert, dass sie den Teilnehmenden alles abverlangen und 100% Einsatz fordern. Hier sind die Erlebnisse und Erfahrung tiefgründig und höchst wirksam.

Phase IV

Kraft

Die letzte Trainingsphase soll bei den Teilnehmenden einen bleibenden Eindruck hinterlassen und sie auf ihr nächstes Training vorbereiten. Hier werden gezielt ganze Muskelketten angesprochen um den Körper funktionell zu stärken.

Zusätzlich zu der physischen Stärke werden in dieser Phase auch bewusst die mentalen und psychischen Komponenten beansprucht. Denn Durchhaltewille und Biss machen den Unterschied im Erfolg!

Animieren Sie die Teilnehmenden ruhig, an ihre Grenzen zu gehen. Gehen Sie mit bestem Beispiel voraus – machen Sie mit!

Parkour nach TRuST unterrichten

Cool-down & Feedback

In der Cool-down-Phase dürfen sich die Teilnehmenden entspannen.
Ob Dehnen die richtige Methode dafür ist oder ob sie lieber
eine 5-7-8 Atemübung ausführen wollen, ist ihnen überlassen.
Die Erfahrung zeigt aber, dass die Cool-down-Phase einen äußerst
positiven Einfluss auf die Befindlichkeit der Teilnehmenden hat.
Geben Sie den Teilnehmern im Anschluss die Möglichkeit, ihre
Meinungen zum Training zu äußern. Was hat ihnen gefallen,
welche Spiele möchten sie wiederholen, welche auf keinen Fall? --
Nur wer versteht WIESO, fängt an, die Dinge zu begreifen.

Werte nach TRuST

Ein wichtiger Bestandteil in der Vermittlung von Parkour nach TRuST
ist das Vorleben einer bestimmten Wertehaltung. Traceure bewegen
sich im urbanen und natürlichen Lebensraum. Objekte wie z. B. eine
Parkbank, eine Mauer oder eine Treppe werden dabei lediglich als
Objekte mit gewissen Eigenschaften betrachtet und nicht zwingend
mit ihrer ursprünglichen Nutzungsidee verknüpft. Dies fordert einen
respektvollen Umgang, damit diese Objekte nicht beschädigt werden.
Sport hat heute mehrheitlich mit Leistung und Bestehen zu tun.
Dabei wird zuweilen vergessen, dass Bewegung ein Grundbedürfnis
jedes Menschen ist. So kommt es leider zu Aussagen wie zum Beispiel
«Sport ist Mord». Die Wertehaltung nach TRuST schafft eine stress-
freie Atmosphäre und fördert das Miteinander. So können auch
Einsteiger ein freudvolles Training in der Gruppe erleben.

Parkour nach TRuST unterrichten

Die Hand als Metapher für die Werte von Parkour nach TRuST

Konkurrenzfrei (Daumen)

Der Leitgedanke «être fort pour être utile» hat seinen Ursprung in der «méthode naturelle» und begründet, dass die gegenseitige Hilfe und nicht das gegenseitige Messen Inhalt dieser Bewegungskunst ist. Ohne Konkurrenzdruck können sich die Teilnehmenden frei entfalten, egal über welche körperlichen und mentalen Voraussetzungen sie aktuell verfügen.

Vorsicht (Zeigefinger)

Sicherheit hat immer oberste Priorität. Es ist wichtig, einen kontrollierten und sicheren Trainingsaufbau zu gewährleisten. Dabei entspringt die Sicherheit in jedem Fall einer richtigen Selbst- und Situationseinschätzung. Hilfsmittel wie Matten suggerieren den Teilnehmenden oft eine falsche Sicherheit, die sie dazu ermutigen könnten, über ihre aktuellen Fähigkeiten hinaus zu trainieren.

Respekt (Mittelfinger)

Der Respekt sich selbst gegenüber ist eine Wertschätzung, die automatisch durch ein regelmäßiges Training entsteht. Der Körper ist unser Zuhause, nur durch ihn können wir uns frei und effizient bewegen. Ein gesundes Training und ein nachhaltiger Umgang mit seinem Körper ist demzufolge oberstes Ziel eines jeden Traceurs.

Der Respekt gegenüber der Umwelt entsteht durch die unermüdliche Auseinandersetzung mit ihr. Die unkonventionelle Nutzung und die taktilen Erfahrungen führen zu einem Verständnis der verschiedenen Materialien und deren Beschaffenheit. Die Wertschätzung und die Erhaltung des Raumes sind logische Konsequenzen. Denn nur so lässt sich ein Trainingsort nachhaltig nutzen.

Der Respekt gegenüber seinen Mitmenschen bedarf einer ständigen Auseinandersetzung mit sich selbst. Wer sich selbst respektiert und seine Verhaltensweisen reflektiert, ist fähig, empathisch zu denken und zu handeln.

Vertrauen (Ringfinger)

Neue Wege zu gehen und sich kreativ seiner Umgebung zu stellen, fordert ein hohes Maß an Selbstvertrauen. Das Wechselspiel zwischen Erfolg und Misserfolg führt zu einem gestärkten Selbstbewusstsein

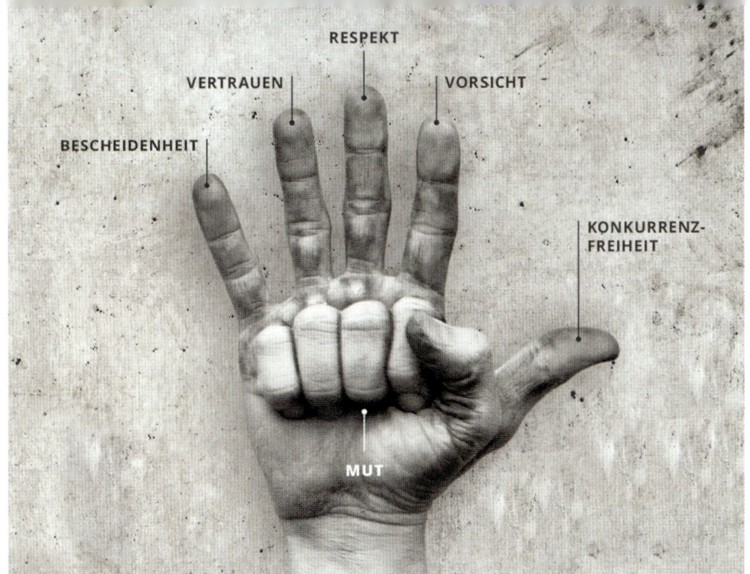

Parkour nach TRuST unterrichten

und fördert die Selbstwirksamkeit. Das Vertrauen zu sich selbst ist die Grundlage, um sich gegenseitig zu vertrauen. Im Weiteren führt das ständige Überwinden von Hindernissen dazu, dass sich die Teilnehmenden stets an neue Herausforderungen heranwagen.

Bescheidenheit (Kleiner Finger)

Die intensive Auseinandersetzung mit sich selbst und seiner Umgebung führt zu der Erkenntnis, dass es stets mehr Hindernisse geben wird, die nicht überwunden werden können, als solche, die überwindbar sind. Bei Parkour ist sprichwörtlich der Weg das Ziel.

Mut (Faust)

Die Faust beziehungsweise die Geste des Greifens vereint die einzelnen Werte in einer Hand. Sie steht dafür, sein Leben selbst in der Hand zu nehmen. Dadurch dass wir bei Parkour unsere Umgebung spüren und greifen, be-greifen wir damit besser die kausalen Zusammenhänge von Aktion und Reaktion.

Zusätzlich bedeutet die Faust auch innere Stärke. Sie symbolisiert, dass wir Verantwortung für unser Handeln übernehmen und den Mut besitzen, eine Entscheidung zu treffen.

Parkour Warm-ups

Signalisieren wir dem Körper, dass es losgeht!

Parkour Warm-ups

Piep Piep Satellit
Anzahl: mindestens 5 Personen

Alle Teilnehmenden laufen hintereinander. Der Vorderste muss
1,5 Runden um die Gruppe rennen und sich am Ende der Kolonne
wieder eingliedern. Sobald er seine Position erreicht hat, ruft er
laut «Piep Piep», dann läuft der Nächste los.

Wozu
▶ Diese Übung ist ein Intervalltraining. Zusätzlich wird Konzentration
und Teamgeist geschult.

Hinweis
▶ Die Gruppe sollte nicht zu schnell joggen, damit es für den
«Satelliten» möglich ist diese zu umrunden.

Variation
▶ Der «Satellit» rennt im Slalom durch die Gruppe. Dies erfordert
zusätzlich Ausdauer und eine extra Portion Aufmerksamkeit.

Körper:
Psyche:
Kreativität:
Persönlichkeit:

Es braucht
▶ Genügend Raum
▶ 5–7 Minuten Zeit (je nach Anzahl Teilnehmende)

Parkour Warm-ups

Raupengang
Anzahl: beliebig

Die Teilnehmenden sollen sich in der Hüfte beugen, bis die Hand-
flächen den Boden berühren. Die Knie bleiben während der ganzen
Übung gestreckt und die Bauchmuskeln sind angespannt. Mit den
Händen sollen sie nun in kleinen Schritten vorwärts laufen, bis sie
eine individuell umsetzbare Brückenposition erreichen. Jetzt folgen
die Füße mit kleinen Schritten in die Ausgangsposition. Die Bewegung wird nur aus den Fußgelenken ausgeführt.

Wozu
▶ Schulter- und Rumpfstabilisation, Dehnung/Aktivierung der
  unteren Extremitäten, des Schultergürtels und der Handgelenke.

Hinweis
▶ Bei der weiten Brückenposition nur so weit gehen, dass die
  Teilnehmenden in der Lendenwirbelsäule nicht einknicken.

Körper:
Psyche:
Kreativität:
Persönlichkeit:

Es braucht
▶ 5–7 Minuten Zeit

Parkour Warm-ups

Welcome to the Jungle
Anzahl: mindestens 2 Personen

Die Teilnehmenden imitieren verschiedene Tiere in ihren Bewegungen.
Dazu soll abwechselnd ein Teilnehmer eine Bewegung vorzeigen und
die anderen sie nachmachen.

Wozu
▶ Auf spielerische Art ein großes Bewegungsspektrum abdecken.
  Die Gelenke werden durch ihre Amplitude geführt und die Gruppe
  wird auf ein spaßiges und eher freies Training eingestimmt.

Hinweis
▶ Je nach Altersstufe müssen sich die Teilnehmenden in der Gruppe
  bereits wohl und sicher fühlen, damit sie sich getrauen die verschiedenen Tierarten zu imitieren. Wenn sich die Teilnehmenden
  schämen eigene Tierarten vorzuschlagen, können die nachfolgen-
  den Beispiele helfen:

Dschungeltiere zum Nachmachen
▶ Affe (wilde Bewegungen und mit den Armen stets in Bodennähe)
▶ Storch (stolzer Ausfallschritt)
▶ Frosch (beidbeinige Hocksprünge)
▶ Bär (kräftiger Passgang wahlweise mit Aufbäumen)
▶ Schlange (Bewegungen am Boden ohne Hilfe der Extremitäten)
▶ Katze (eleganter Vierfüßlergang)
▶ Elefant (trolliger Passgang)
▶ Pferd (Trab, Galopp)

Parkour Warm-ups

- Salamander (tiefer Vierfüßlergang)
- Vogel (je nach Vogelart ein schnelles oder langsames Flattern
  mit den Armen)

Variation
- Als spaßige Variante können die Teilnehmenden zusätzlich
  auch die Geräusche der Tiere nachahmen. Kinder werden dies
  erfahrungsgemäß von sich aus tun.

Körper:
Psyche:
Kreativität:
Persönlichkeit:

Es braucht
- Genügend Raum
- 5–7 Minuten Zeit

Parkour Warm-ups

Ausfallschritt
Anzahl: beliebig

Die Teilnehmenden stehen im Einbeinstand, das Standbein ist
gestreckt und das Gesäß angespannt. Das linke Bein wird unter
der Kniescheibe gefasst und bei aufgerichtetem Oberkörper in
Richtung Brust gezogen. Es folgt ein weiter Ausfallschritt nach vorne.
Das Gewicht wird mit dem rechten Arm am Boden abgestützt.
Der Ellbogen des linken Armes sucht nun das linke Sprunggelenk.
Die linke Fußspitze soll dabei vor dem linken Knie liegen und das
rechte Knie den Boden nicht berühren. Nun wird die Hüfte nach
hinten-oben gestemmt und versucht beide Knie durchzustrecken.
Die Zehen werden dabei aktiv zum Schienbein hin gezogen. Danach
schwingt das rechte Knie dynamisch zur nächsten Ausgangsposition.

Wozu
▶ Allroundmobilisation für untere Extremitäten und Schultergürtel.

Hinweis
▶ Die Hände haben beim Anheben der Hüfte noch Bodenkontakt.

Körper:
Psyche:
Kreativität:
Persönlichkeit:

Es braucht
▶ 5 Minuten Zeit

Parkour Warm-ups

Spieglein, Spieglein
Anzahl: mindestens 2 Personen

Ein Teilnehmer stellt sich als Leader vor die Gruppe und führt eine Vielzahl von schnellen Bewegungen und Richtungswechseln aus. Die Gruppe soll dabei zeitgleich seine Bewegung wie ein Spiegel nachmachen ohne den Anschluss zu verlieren. Danach dreht sich die Gruppe von ihm ab, damit ihnen dieser drei Fragen zur Wahrnehmung während der Übung stellen kann. Z. B. welche Farbe haben seine Schuhe oder welche T-Shirt-Marke trägt er. Pro richtige Antwort muss dieser 10 Liegestützen machen, für jede falsche Antwort müssen die Teilnehmenden 10 Liegestützen machen.

Wozu
▶ Aktivierung der schnellen Muskelfasern und Ganzkörperstabilisation.
▶ Schulung der Aufmerksamkeit während einer Stresssituation.

Variation
▶ Übung im Sand durchführen – physisch wesentlich intensiver und verbessert zusätzlich die Stabilität des Fußgelenkes.

Körper:
Psyche:
Kreativität:
Persönlichkeit:

Es braucht
▶ 5 Minuten Zeit

Parkour Fokus

Der Körper ist bereit – jetzt geht's ins Detail!

Parkour Fokus

Zwei Schritte nach vorn und einer zurück
Anzahl: beliebig

Die Teilnehmenden stellen sich längs auf eine Stange oder einen Randstein und versuchen jeweils 2 Schritte nach vorne und 1 wieder zurück zu balancieren. Jede Handlung hat eine Konsequenz und deshalb sollen die Teilnehmenden bei einem Fehler 10 Liegestützen ausführen.

Wozu
▶ Fördert die Koordination, Konzentration und das Konsequenz-Bewusstsein.

Variation
▶ Einsteiger unterstützen sich mit gegenseitiger Hilfestellung.
▶ Fortgeschrittene versuchen, die Übung blind zu meistern.
▶ Gleiche Übung rückwärts ausführen.

Körper:
Psyche:
Kreativität:
Persönlichkeit:

Parkour Fokus

Objekt umrunden
Anzahl: ab 2 Personen

Die Teilnehmenden stellen sich als Gruppe auf ein stabiles Objekt
(z. B. Parkbank oder Tischtennis-Tisch aus Beton). Nun haben sie die
Aufgabe, dieses Objekt einmal untendurch zu umrunden, ohne den
Boden zu berühren. Sie dürfen und sollen sich dabei gegenseitig
helfen und unterstützen. Wenn ein Teilnehmer den Boden berührt,
beginnen alle wieder von vorne.

Wozu
▶ Fördert Teamgeist, und lösungs-/ressourcenorientiertes Denken.
  Die Stärken und Schwächen im Team werden sichtbar und sinnvoll
  eingesetzt. Verschiedene Klettertechniken kommen zum Einsatz.

Variation
▶ Die Aufgabe kann auch stumm, also ohne verbale Kommunikation
  durchgeführt werden. Dies fördert zusätzlich den gegenseitigen
  Respekt und die Konzentrationsfähigkeit in der Gruppe.

Körper:
Psyche:
Kreativität:
Persönlichkeit:

Es braucht
▶ 15–30 Minuten Zeit (je nach Ausführungsart und Gruppengröße)
▶ Stabiles Objekt (z. B. Tisch, Tischtennis-Tisch aus Beton)

Parkour Fokus

Evolution of Men
Anzahl: beliebig

Die Teilnehmenden balancieren auf einem Geländer oder einer Mauer erst einen Abschnitt im 4-Füßler, dann in der Hocke, dann aufrecht, danach wieder in der Hocke und wieder im 4-Füßler usw.

Wozu
▸ Fördert die Koordination und Stabilität in verschiedenen Körperhaltungen und die Bindeglieder zwischen den einzelnen Positionen. Diese Übung ist ein physisch sehr anspruchsvolles Ganzkörpertraining für fast alle Muskelketten.

Variation
▸ Die Übung rückwärts ausführen als zusätzliche Schwierigkeitsstufe in Koordination und Kraft.

Körper:
Psyche:
Kreativität:
Persönlichkeit:

Es braucht
▸ Ca. 10–20 Min. (je nach Ausführung)
▸ Möglichst langes Geländer oder Mauer zum Balancieren.
▸ Indoorvariante: Z. B. aneinandergereihte Turnkästen oder Barren.

Parkour Fokus

Schnürsenkel-Challenge
Anzahl: ab 2 Personen

Die Teilnehmenden stehen sich Paarweise auf einer Stange oder Mauer gegenüber. Nun versuchen sie sich gegenseitig, abwechselnd die Schnürsenkel zu öffnen und wieder zu schnüren ohne aus dem Gleichgewicht zu fallen.

Wozu
▶ Fördert die Koordination und Balancefähigkeit. Schult einen raschen Fokuswechsel – Multitasking.

Hinweis
▶ Einsteiger können diese Übung auf dem Boden aufbauen und versuchen diese mit geschlossenen Augen durchzuführen.

Variation
▶ Mit geschlossenen Augen ausführen.
▶ Gleichzeitig ausführen.

Körper:
Psyche:
Kreativität:
Persönlichkeit:

Es braucht
▶ Ca. 15 Minuten Zeit (je nach Ausführungsart und Gruppengröße)
▶ Möglichkeit zum Balancieren (Mauer, Geländer, Reck o. Ä.)

Parkour Fokus

Circle of TRuST
Anzahl: ab 10 Personen

Die Teilnehmenden bilden einen Schulterkreis. Nun soll jeder nacheinander einmal den Kreis umrunden ohne den Boden zu berühren.
Die Technik dafür ist frei wählbar.

Wozu
▶ Fördert Koordination, gegenseitige Hilfestellung sowie emphatisches Denken und Handeln. Fordert lösungsorientiertes Denken
  und konfrontiert mit Stärken und Schwächen des Teams.

Hinweis
▶ Die Teilnehmenden kommen sich unter Umständen körperlich nahe/
  müssen sich gegenseitig anfassen. Bestehendes Vertrauen und eine
  offen kommunizierte Genderthematik sind unerlässlich!

Variationen
▶ Blind oder stumm.
▶ Unter Zeitdruck.
▶ Pro Person einen neuen Lösungsweg fordern.

Körper:
Psyche:
Kreativität:
Persönlichkeit:

Es braucht
▶ Ca. 20 Min., genügend Platz um einen Schulterkreis zu bilden

Parkour Fokus

TRuST me
Anzahl: ab 2 Personen

Die Teilnehmenden sollen sich paarweise durch einen frei gewählten Parcours führen. Je ein Teilnehmer ist blind. Die sehende, führende Person führt den blinden Partner an der Hand oder an der Schulter und erteilt ihm verbale Anweisungen. Die Wege und Technikanforderungen sollen dabei individuell den Ressourcen angepasst werden.

Wozu
▶ Fördert das gegenseitige Vertrauen und emphatisches Denken.
▶ Schärft die Sinne.

Hinweis
▶ Beachten, dass niemand das Vertrauen missbraucht.

Variation
▶ Nur mit verbalen Anweisungen führen – ohne Körperkontakt.
▶ Nur mit Körperkontakt führen – ohne verbale Anweisungen.

Körper:
Psyche:
Kreativität:
Persönlichkeit:

Es braucht
▶ Ca. 20 Min. (je 5–10 Min. blind führen), ungestörter Platz

Parkour Fokus

Fall in
Anzahl: ab 10 Personen

Die Teilnehmenden sollen sich eine Nummer zwischen 1 bis 5 merken. Dann rennen alle möglichst nahe beisammen, wild durcheinander. Der Spielleiter ruft plötzlich laut eine Nummer aus. Alle Teilnehmenden, welche sich diese Nummer gemerkt haben fallen sofort um. Die Übrigen müssen diese auffangen, sodass niemand zu Boden fällt.

Wozu
▸ Fördert Aufmerksamkeit, Reaktion und gegenseitiges Vertrauen.

Hinweis
▸ Auf einem Platz mit weichem Untergrund (z. B. Rasen oder Matten) können die Teilnehmenden noch etwas mutiger und direkter Umfallen, so dass die restlichen noch mehr gefordert sind.

Variation
▸ Die Teilnehmenden mit der Nummer welche Umfallen, können bei einer geübten Gruppe versuchen die Augen zu schließen.
▸ Mehr als eine Nummer aufrufen, sodass mehr Personen umfallen.

Körper:
Psyche:
Kreativität:
Persönlichkeit:

Es braucht
▸ Ca. 15 Min., genügend Platz um einen Schulterkreis zu bilden

Parkour Fokus

Ninja
Anzahl: ab 5 Personen

Die Teilnehmenden stellen sich in einen Kreis eng zusammen.
Mit einem lauten Schrei «Ninja», machen alle einen großen Sprung
zurück und verharren in ihrer Ninja-Pose. Nun versucht der erste
Spieler, die Hand eines seiner Mitspieler zu treffen. Gelingt dies,
scheidet der Getroffene aus und die nächstfolgende Person spielt
weiter. Gelingt kein Treffer, geht das Spiel reihum weiter. Ziel ist es,
als Letzter im Spiel zu bleiben.

Wozu
▸ Schult die Aufmerksamkeit und Reaktionsfähigkeit. Fördert den
  Teamgeist und ein emphatisches Denken.

Hinweis
▸ Ein Angriff muss durch eine durchgehende Bewegung ohne
  Richtungsänderung geschehen. Die Mitspieler sollen ausweichen.

Körper:
Psyche:
Kreativität:
Persönlichkeit:

Es braucht
▸ Ca. 10–30 Min., genügend Platz um einen Kreis zu bilden

Parkour Fokus

Affentelefon
Anzahl: ab 5 Personen

Die Teilnehmenden stellen sich in einer Reihe vor ein Hindernis. Der Teilnehmer ganz links (A) zeigt eine Bewegung vor, dann macht es sein direkter Nachbar (B) so exakt wie möglich nach. Der Nächste (C) versucht dann so exakt wie möglich die Bewegung von (B) zu kopieren. Dann kopiert (D) die Bewegung von (C), usw.

Am Schluss wird die letzte Bewegung mit der ersten verglichen und überprüft welche Ähnlichkeiten noch vorhanden sind. Es folgt eine kurze Reflektion, weshalb sich die Bewegung verändert hat.

Wozu
▶ Schult die Aufmerksamkeit und fördert das Prinzip von Vorzeigen – Nachmachen. Neue Techniken werden spielerisch gelernt und die Stärken und Schwächen der Teilnehmenden werden sichtbar. Die Teilnehmenden lernen Kompromisse einzugehen da sie die Übungen unter Umständen ihren Ressourcen entsprechend anpassen müssen.

Hinweis
▶ Wenn ein Teilnehmer die Übung aus irgendwelchen Gründen nicht kopieren kann, soll er diese seinen Ressourcen entsprechend anpassen. Dieser Kompromiss formt eine Vielzahl von verschiedenen Techniken und fördert eine persönliche Auseinandersetzung mit sich selbst. Es gibt den Teilnehmenden den Mut ihren eigenen Weg zu gehen und für ihre Stärken und Schwächen einzustehen.

Körper:
Psyche:
Kreativität:
Persönlichkeit:

Es braucht
▶ Ca. 20 Min. (je nach Ausführung und Gruppengröße)
▶ Z. B. eine lange Mauer oder Geländer

Von 0 auf 300
Anzahl: beliebig

Die Teilnehmenden balancieren in einer beliebigen Position auf einer Stange und versuchen gemeinsam auf 300 zu zählen ohne das Gleichgewicht zu verlieren. Der Spielablauf ist folgendermaßen vorgesehen: Die erste Person in der Reihe beginnt laut und deutlich auf 10 zu zählen, dann führt die zweite die Reihe von 10 bis 20 fort, dann die dritte von 20 bis 30 usw.

Sollte mehr als eine Person aus dem Gleichgewicht fallen, beginnen die Teilnehmenden beim letzten 100er.

Wozu
▶ Durch die Zählaufgabe fordert diese Übung zusätzliche Konzentration und Fokus beim Balancieren. Sie fördert den Fokus aufs Wesentliche und den Durchhaltewillen eine Aufgabe bis zum Schluss durchzuziehen. Es fördert das Multitasking und den Teamgeist.

Variation
▶ 2er-Teams bilden.
▶ Die zu erreichende Zahl von der Gruppe selber festlegen lassen.
▶ Die Balanceposition festlegen, z. B. seitlich stehend oder in der Hocke etc.
▶ Anstelle des Zählen, könnten auch Rechenaufgaben gestellt oder fremdsprachige Wörter geübt werden.

Körper:
Psyche:
Kreativität:
Persönlichkeit:

Parkour Fokus

SMS
Anzahl: beliebig

Die Teilnehmenden sollen jemand anderem während des Balancierens eine freundliche SMS schreiben. Ziel der Übung ist es, eine SMS zu schreiben und zu senden, ohne aus dem Gleichgewicht zu fallen.

Wozu
- ▸ Fördert die Konzentration und den Fokus aufs Wesentliche. Die Teilnehmenden merken schnell, wie viel Aufmerksamkeit das Schreiben einer SMS abverlangt (Link – Straßenverkehr).

Variation
- ▸ Als Variante können die Teilnehmenden auch mit Stift und Papier einen kurzen Brief oder ein Diktat schreiben.

Körper:
Psyche:
Kreativität:
Persönlichkeit:

Es braucht
- ▸ Ca. 5 Min.
- ▸ Geeignetes Element zum Balancieren

Parkour Fokus

Einmal neu anordnen, bitte!
Anzahl: Ab 10 Personen

Die Teilnehmenden stellen sich in einer Reihe auf eine schmale hüft-
hohe Mauer oder auf aneinandergereihte Schwedenkästen. Dann
sollen sie sich nach verschiedenen Kriterien neu ordnen, ohne den
Boden berühren zu müssen – z. B. absteigend nach ihrem Geburtstags-
datum, ihrer Größe oder der alphabetischen Abfolge ihrer Namen.

Wozu
▶ Schult das Miteinander und den Dialog. Fördert Gleichgewichtsinn
   und lösungsorientiertes Denken.

Hinweis
▶ Vorsicht bei gemischten Gruppen. Die Teilnehmenden kommen
   sich möglicherweise sehr nahe und der Lösungsweg fordert oft
   Körperkontakt.

Variation
▶ Auf einer Stange oder auf einer höher gelegenen Mauer spielen.

Körper:
Psyche:
Kreativität:
Persönlichkeit:

Es braucht
▶ Ca. 10–15 Min. (je nach Ausführung und Gruppengröße)
▶ Z. B. eine lange Mauer oder Geländer

Parkour Hauptteil

Parkour kennt keinen Konjunktiv – nur 100% Einsatz!

Parkour Hauptteil

Ich packe meinen Rucksack
Anzahl: ab 3 Personen

Die Teilnehmenden stellen sich in eine Reihe. Der Vorderste zeigt eine Bewegung vor, der Zweite kopiert diese und fügt eine weitere hinzu. Der dritte Teilnehmer kopiert die beiden Bewegungen und hängt wieder eine dran usw. Dieses Spiel läuft so lange, bis jemand einen Fehler macht. Dann startet die nächstfolgende Person das Spiel neu.

Wozu
▶ Fördert die Kreativität und das Prinzip Vorzeigen – Nachmachen.

Hinweis
▶ Darauf hinweisen, dass nicht die gefährlichste und krasseste Übung die Beste ist, sondern dass fließende und variantenreiche Abläufe gesucht werden.

Variation
▶ Jeweils erst eine Technik pro Runde vorzeigen und durch alle nachmachen lassen. Dann folgt die nächste ...

Körper:
Psyche:
Kreativität:
Persönlichkeit:

Es braucht
▶ Ca. 20 Min., geeignete Hindernisse

Parkour Hauptteil

In Kontakt bleiben
Anzahl: beliebig

Die Teilnehmenden sollen einen definierten Rundlauf so effizient wie möglich im Kreis durchlaufen. Bei diesem Spiel müssen sie jedoch mindestens mit einer Hand am Boden oder am überwindenden Objekt sein. Ziel ist es, mit möglichst wenig zusätzlichen Aufwand, kräfteschonend und fließend in Bewegung zu bleiben.

Wozu
▶ Diese Spielregeln fördern die Bewegungsvielfalt, das lösungsorientierte Denken und zwingen die Teilnehmenden außerhalb ihrer Komfortzone neue Bewegungsformen auszuprobieren.

Hinweis
▶ Die Teilnehmenden fragen, welche Techniken sich bewährt haben und auch in einem normalen Durchlauf effizient sein könnten.

Körper:
Psyche:
Kreativität:
Persönlichkeit:

Es braucht
▶ Ca. 15 Min. (je nach Länge des Rundlaufs)
▶ Ein Platz oder Turnhalle mit diversen Hindernissen

Parkour Hauptteil

Bodenlos
Anzahl: ab 2 Personen

Die Teilnehmenden sollen einen vorgegebenen Weg bestreiten, ohne dabei den Boden zu berühren. Dabei dürfen sie, wenn nötig, vorab besprochene Kompromisse wie z. B. Dohlendeckel, Pflastersteine, Markierungen oder Ähnliches bestimmen, um den Weg zu erleichtern. Wenn während der Übung jemand aus dem Team den Boden berührt, müssen alle gemeinsam von vorne beginnen. Die Übung ist dann beendet, wenn alle aus dem Team das Ziel erreicht haben.

Wozu
▸ Schult das Miteinander und den Dialog untereinander. Konfrontiert die Teilnehmenden mit ihren persönlichen Stärken und Schwächen. Diese werden schnell sichtbar und müssen gezielt in der Gruppe eingesetzt werden. Ganz nach dem Leitsatz «être fort pour être utile» – also stark sein um nützlich zu sein, geht es bei dieser Übung darum die vorhandenen Stärken fürs Team einzusetzen. Sensibilisiert die taktilen Erfahrungen.

Hinweis
▸ Vorsicht bei Konsequenzen für die ganze Gruppe. Diese können missverstanden werden und Mobbing gegen den Verursacher auslösen. Es ist wichtig, die Ernsthaftigkeit dieser Übung zu erklären. Eine Kette ist nur so stark wie ihr schwächstes Glied – aber dieses ist je nach Herausforderung eine andere Person!

Parkour Hauptteil

Variation
▸ Als Option kann diese Übung auch stumm ausgeführt werden. Dies fördert zusätzlich die gegenseitige Hilfestellung und vermeidet ein gegenseitiges Beschimpfen bei Fehltritten.

Körper:
Psyche:
Kreativität:
Persönlichkeit:

Es braucht
▸ Ca. 30 Min. (je nach Weglänge und Gruppengröße)
▸ Fassade, Pausenplatz oder als Alternative diverse Turngeräte

Parkour Hauptteil

Catch the Stone – if you can …
Anzahl: mindesten 2 Personen

Die Teilnehmenden sind in 2er-Teams aufgeteilt. Dabei erhält einer (A) einen Stein und die Aufgabe, diesen irgendwo im Raum zu platzieren und zu beschützen. Aber gleichzeitig soll er versuchen, seinen Gegenspieler (B) zu fangen. Der Gegenspieler (B) hat die Aufgabe, den platzierten Stein für sich zu gewinnen ohne gefangen zu werden.

Das Spiel beginnt folgendermaßen: Spieler (A) platziert den Stein und zählt laut bis 20, während sich (B) versteckt. Dann beginnt ein spannendes Katz-und-Maus-Spiel. Wer zuerst seine Aufgabe erfüllen kann, gewinnt. Dann werden die Rollen getauscht und das Spiel beginnt von neuem.

Wozu
▸ Taktisches Verhalten, schnelle Reaktionszeit, Ausdauer und das Anwenden von effizienten Techniken ist gefragt. Fördert eine schnelle Situations- und Selbsteinschätzung.

Hinweis
▸ Die Teilnehmenden sollten bereits etwas Erfahrung im Überwinden von Hindernissen und eine gute Selbst- und Situationseinschätzung haben. Um die Dynamik im Spiel zu halten, ist darauf zu achten, dass der Spieler (A) nicht nur als Nesthocker spielt, sondern seine Aufgabe als Fänger ebenso wahrnimmt!

Parkour Hauptteil

Variation
▸ Kann auch in 3er-Gruppen gespielt werden. Dabei agieren
jeweils ein Fänger (A) und 2 Diebe (B/C). Dann wird das Spiel noch
anstrengender.

Körper:
Psyche:
Kreativität:
Persönlichkeit:

Es braucht
▸ Ca. 15–20 Min. (je nach Ausführung und Gruppengröße)
▸ Geeigneter Platz mit diversen Versteckmöglichkeiten

Parkour Hauptteil

Follow the Leader
Anzahl: mindestens 2 Personen

In Gruppen von 2–5 Personen läuft jeweils ein Teilnehmer als Leader einen frei gewählten Parcours. Die restlichen Teilnehmer versuchen ihm so gut wie möglich zu folgen ohne den Anschluss zu verlieren. Nach einer vorgegebenen Zeit wechselt die Führungsperson.

Wozu
▶ Fördert das Improvisieren und eine schnelle Entscheidungsfähigkeit. Fordert Ausdauer, Kreativität und ein emphatisches Denken.

Hinweis
▶ Die Führenden beachten, einen Weg zu wählen, der für die Mitspielenden ausführbar ist, ohne den Anschluss zu verlieren. Es geht nicht darum, die Mitspieler abzuhängen, sondern um die Reaktionszeit und darum, bei Ermüdung handlungsfähig zu bleiben.

Körper:
Psyche:
Kreativität:
Persönlichkeit:

Es braucht
▶ Ca. 15–20 Min. (je nach Ausführung und Gruppengröße)
▶ Geeigneter Platz mit diversen Objekten zur Überwindung

Parkour Hauptteil

Verknüpft und zugenäht
Anzahl: mindestens 2 Personen

Die Teilnehmenden durchlaufen zu zweit einen vorbestimmten oder frei gewählten Parcours. Dabei haben sie je einen Schuh mit den Schnürsenkeln verbunden. Es gilt, im Gleichschritt einen Weg zu finden, den Parcours so effizient als möglich zu bestreiten – z. B. eine Treppe hochsteigen, über Mauern klettern, unter Tischen hindurch krabbeln oder auf Randsteinen balancieren.

Wozu
▸ Fördert das ressourcen- und lösungsorientierte Denken, gegenseitige Hilfestellung sowie Selbst- und Fremdeinschätzung.

Hinweis
▸ Der gegenseitige Respekt und das Verständnis des Miteinanders ist der Schlüssel zum Erfolg.

Variation
▸ In 3er-, 4er-, 5er-Gruppen spielen.
▸ Kombination mit dem Spiel «Bodenlos» (Seite 38).

Körper:
Psyche:
Kreativität:
Persönlichkeit:

Es braucht
▸ Ca. 20–30 Minuten (je nach Ausführung und Gruppengröße)

Parkour Hauptteil

The perfect 10
Anzahl: 10–30 Personen

Die Teilnehmenden wählen eine Technik aus. Diese müssen sie zehn-
mal in Folge fehlerfrei ausführen, bevor sie zur nächsten Technik
übergehen. Wenn ein Sprung nicht perfekt nach ihren Vorstellungen
ausgeführt wurde, müssen sie erneut von vorne beginnen. Folgende
zwei Techniken eignen sich hierfür besonders gut:

▶ Präzisionssprung (präzises Landen nach einem Sprung).
▶ Armsprung (springen in eine Hängeposition an einer Mauer ohne
  z. B. abzurutschen).

Grundsätzlich sind jedoch sämtliche Bewegungsabläufe mit besonderen Merkmalen wie z. B. Lautstärke, Berührungspunkte oder mit
einem Fokus auf Ausführungsdetails geeignet.

Wozu
▶ Repetition ist der Schlüssel zum Erfolg. Aus «schaffen» wird
  «können»! Diese Übung schult unter anderem den Durchhaltewillen, die Konzentration und den Ehrgeiz eine Technik bis ins
  Detail zu beherrschen. Einen Präzisionssprung auf eine Stange zu
  verfehlen, kann fatale Konsequenzen haben. Da reicht oft ein
  minimaler Fehler oder eine kleine Abweichung bei der Landung.
  Ernsthaftigkeit und Kontrolle ist im Training für Parkour das
  Wichtigste!

Parkour Hauptteil

Hinweis
▶ Es empfiehlt sich mit den Teilnehmenden vorab zu besprechen,
warum ein Sprung perfekt sein muss. Jede Handlung hat eine
Konsequenz. Unbedingt darauf achten, dass sie vom Einfachen
zum Komplexen arbeiten. Also z. B. Präzisionssprung erst auf
Linien trainieren, dann auf Randsteine und erst später auf Stangen
etc.

Variation
▶ Diese Übung kann auch gut in einer kleinen Gruppe ausgeführt
werden. Dabei müssen alle Teilnehmenden nacheinander ihre
Technik ausführen. Sobald jemand aus der Gruppe einen Fehler
macht, müssen alle wieder von vorne mit zählen beginnen.

Körper:
Psyche:
Kreativität:
Persönlichkeit:

Es braucht
▶ Ca. 20–30 Min. (je nach Ausführung und Gruppengröße)
▶ Geeigneter Platz mit diversen Objekten

Parkour Hauptteil

One Try
Anzahl: beliebig

Die Teilnehmenden erhalten die Aufgabe, einen an ihre Fähigkeiten angepassten Präzisionssprung beim ersten Versuch perfekt auszuführen. Gelingt dies nicht, muss eine Kraftübung ausgeführt werden.

Wozu
▶ Schult Konzentration und Stressresistenz. Die Teilnehmenden können auch in mental anspruchsvollen Situationen einen kühlen Kopf behalten.

Hinweis
▶ Anstelle der Motivation zur Strafvermeidung kann auch eine Belohnung fürs Gelingen eingesetzt werden. Als Beispiel erhält jeder, der den Sprung bei ersten Mal schafft ein Stück Schokolade.

Variation
▶ Kann mit jeder beliebigen Technik ausgeführt werden.

Körper:
Psyche:
Kreativität:
Persönlichkeit:

Parkour Hauptteil

Zurückspulen
Anzahl: beliebig

Die Teilnehmenden sollen einen selbst gewählten Weg von A–B so
effizient wie möglich durchlaufen. Bei Punkt B angelangt versuchen
sie nun den kompletten Weg zurückzuspulen. Das bedeutet, dass sie
sämtliche Bewegungen so exakt wie möglich rückwärts ausführen
sollen, bis sie wieder bei Punkt A angelangt sind.

Wozu
▸ Schult die Koordination, Konzentration und Bewegungsvielfalt.

Hinweis
▸ Nicht alle Techniken lassen sich rückwärts ausführen. Die Teilnehmenden sollen später darauf achten, welche Techniken sich
vor- und rückwärts ausführen lassen, wo sie allenfalls Anpassungen
vornehmen müssen und weshalb.

Variation
▸ In 2er-Teams wird versucht, den Lauf des Partners rückwärts
auszuführen. Dies fördert aufmerksames Beobachten.

Körper:
Psyche:
Kreativität:
Persönlichkeit:

Es braucht
▸ Ca. 20 Minuten, Platz oder Turnhalle mit diversen Hindernissen

Kraft & Cool-down

«Go hard – or go home!»

Parkour Kraft & Cool-down

Hundetunnel
Anzahl: ab 10 Personen

Die Teilnehmenden stellen sich in einer Linie in den «Hund» (Brückenposition) so dass ein Tunnel entsteht. Nun beginnt der Erste auf allen
vieren durch den Tunnel zu kriechen und stellt sich am anderen Ende
gleich wieder in die Hundeposition. Dann folgt der Nächste usw. Das
Spiel ist beendet, sobald jeder Teilnehmer einmal an der Reihe war.

Wozu
▸ Fördert Durchhaltewillen und Gemeinschaftssinn, trainiert die
  Stabilität von Rumpf und Extremitäten.

Hinweis
▸ Die Gruppe darauf hinweisen, wie wichtig hier die mentalen
  Komponenten wie Durchhaltewille und Motivation sind.
  Der Körper ist länger leistungsfähig als oft angenommen.
  Die Teilnehmenden dürfen und sollen sich gegenseitig anspornen
  und motivieren.

Körper:
Psyche:
Kreativität:
Persönlichkeit:

Es braucht
▸ Ca. 5 Min. (je nach Anzahl Teilnehmende), genügend Platz

Parkour Kraft & Cool-down

Webstuhl
Anzahl: ab 10 Personen

Gleich wie beim Hundetunnel stellen sich die Teilnehmenden in einer Linie in den «Hund», so dass ein Tunnel entsteht. Nun soll jede zweite Person in eine tiefe Liegestütz gehen, damit man nun jeweils einmal oben bzw. unten durchkrabbeln muss. Sobald eine Person passiert ist, soll die Position gewechselt werden.

Wozu
▶ Fördert Durchhaltewillen und Gemeinschaftssinn, trainiert die Stabilität von Rumpf und Extremitäten.

Hinweis
▶ Die Gruppe darauf hinweisen, wie wichtig hier die mentalen Komponenten wie Durchhaltewille und Motivation sind.
  Der Körper ist länger leistungsfähig als oft angenommen.

Körper:
Psyche:
Kreativität:
Persönlichkeit:

Es braucht
▶ Ca. 5 Min. (je nach Anzahl Teilnehmende)
▶ Genügend Platz

Parkour Kraft & Cool-down

In die Wiege gelegt
Anzahl: mindestens 2 Personen

Immer zwei Teilnehmende sitzen sich gegenüber am Boden
(Wiegeposition). Die Beine und Arme sind vom Boden abgehoben.
Nun versuchen sich die Teilnehmenden gegenseitig mit den Füßen
entweder nach hinten umzukippen oder die Füße oder Arme
des Gegners auf den Boden zu kriegen. Die Person welche zuerst
3 Punkte erzielen kann, gewinnt.

Wozu
▶ Spielerische Übung zur Kräftigung der Bauch- und Rumpf-
   muskulatur. Fördert den Gleichgewichtssinn.

Hinweis
▶ Fairplay ist angesagt.

Körper:	≋ ≋ ≋
Psyche:	≋ ≋
Kreativität:	≋ ≋
Persönlichkeit:	≋

Es braucht
▶ Ca. 5–10 Min. (je nach Gruppengröße und Spieldurchläufe)

Parkour Kraft & Cool-down

Up and down
Anzahl: mindestens 2 Personen

Zwei Teilnehmende stellen sich Rücken an Rücken und versuchen ohne Arme sich hinzusetzen und wieder aufzustehen.

Wozu
▶ Spielerische Übung zur Kräftigung der Beine bzw. Oberschenkelmuskulatur. Fördert den Gleichgewichtssinn.

Hinweis
▶ Gegenseitiges Vertrauen ist nötig.

Variation
▶ Bei Fortgeschrittenen kann diese Übung auch nur auf je einem Bein durchgeführt werden.

Körper:
Psyche:
Kreativität:
Persönlichkeit:

Es braucht
▶ Ca. 5–10 Min. (je nach Ausführung und Gruppengröße)

Parkour Kraft & Cool-down

Gassi gehen
Anzahl: ab 2 Personen

Die Teilnehmenden werden in 2er-Teams aufgeteilt und jeweils eine Person steht vor die andere. Dann hebt die hintere Person (Hundeführer) das rechte Bein ihres Partners (Hund) am Fußgelenk nach hinten hoch und hält das Bein ähnlich einer Hundeleine. Dann hüpft der Hund eine vorgegebene Distanz nach vorne, während der Hundeführer einen leichten Widerstand erzeugt, indem er das Bein (die Hundeleine) leicht zurückzieht. Wenn das Ziel erreicht wurde, wird das Bein gewechselt und in gleicher Weise zurückgesprungen.

Wozu
▸ Intensive Übung für die Sprungkraft auf einem Bein. Unterstützt das Gleichgewicht und die Stabilisation. Fördert das gemeinsame Training und ein gegenseitiges Verständnis.

Variation
▸ Es ist auch möglich mit zwei Hunden Gassi zu gehen wenn eine ungerade Anzahl Teilnehmende besteht.
▸ Mehr oder weniger Widerstand beim Hundeführer.

Körper:
Psyche:
Kreativität:
Persönlichkeit:

Es braucht
▸ Ca. 10 Min. (pro Person ca. 5 Min.)
▸ Eine definierte Strecke von ca. 50 Meter Länge

Parkour Kraft & Cool-down

Und wenn sie nicht gestorben sind …
Anzahl: ab 5 Personen

Die Teilnehmenden erzählen sich abwechslungsweise im Kreis eine
Geschichte mit verschiedenen Bewegungsabläufen.

Wozu
▶ Spielerische Übung zur Kräftigung der Rückenmuskulatur und je
   nach Bewegung weitere Gliedmaßen. Fördert die Kreativität und
   den Erzählfluss.

Hinweis
▶ Nicht jeder Teilnehmer ist gleich spontan und wortgewandt.
   Als Alternative kann auch eine bestehende Geschichte vorgelesen
   und die Bewegungen dazu imitiert werden.

Körper:	⚡ ⚡ ⚡
Psyche:	⚡
Kreativität:	⚡ ⚡ ⚡
Persönlichkeit:	⚡ ⚡

Es braucht
▶ Ca. 5 Min. (je nach Ausführung und Gruppengröße)

Quellen und Literatur

▶ Tracers Blackbook: Techniken im Parkour Training, von Markus Luksch (Autor), Verlag: ParkourONE (25. September 2009)

▶ Das flow-Erlebnis: Jenseits von Angst und Langeweile – im Tun aufgehen, von Mihaly Csikszentmihalyi (Autor), Hans Aebli (Vorwort), Urs Aeschbacher (Übersetzer), Verlag: Klett-Cotta

▶ Jedes Kind ist hoch begabt: Die angeborenen Talente unserer Kinder und was wir aus ihnen machen, von Gerald Hüther (Autor), Verlag: btb Verlag (9. Dezember 2013)

▶ Was wir sind und was wir sein könnten: Ein neurobiologischer Mutmacher, von Gerald Hüther (Autor), Verlag: FISCHER Taschenbuch; Auflage: 7 (21. Februar 2013)

▶ Parkour, von David Belle (Autor), Sabine Gros La Faige (Interviewer), Verlag: Septième choc Editions (12. Februar 2009)

▶ Motivation und Handeln, von Jutta Heckhausen (Herausgeber), Heinz Heckhausen (Herausgeber), Verlag: Springer; Auflage: 4., überarb. u. aktualisierte Aufl. 2010 (16. August 2010)

▶ Cine Parkour: a cinematic and theoretical contribution to the understanding of the practice of parkour, von Dr. Julie Angel (Autor), Verlag: Julie Angel (1709)

▶ ParkourONE Charta, www.ParkourONE.com/charta

Dank

An dieser Stelle möchte ich mich herzlich bei allen bedanken, die zum Gelingen dieses Buches beigetragen haben. An erster Stelle meiner Frau Andrea und meinen Kindern, Leon, Ion und Nyah, die mir in all meinen Taten die nötige Liebe und Zuversicht schenken.

Einen besonderen Dank gilt meinem Geschäftspartner, Felix Stöckli, der mir mit seiner Freundschaft und täglichen Arbeit den Rücken stärkt. Ohne ihn wäre bei ParkourONE nichts wie es ist! Ebenfalls ein Dankeschön an Martin Gessinger, meinem Geschäftspartner von ParkourONE Berlin. Als stellvertretender Direktor hilft er tatkräftig bei der Umsetzung der ParkourONE Academy mit. Dank seiner Mitarbeit, Passion und ebenso visionären Art entstehen wertvolle Dinge für die Zukunft von Parkour und ParkourONE.

Ein großes Danke gilt auch all meinen Freunden und Coaches der ParkourONE Academy für die treue Mithilfe und Inspiration. Viele Spiele in diesem Buch wurden in Zusammenarbeit mit ihnen erfunden und weiterentwickelt. Ihr seid der Beweis dafür, dass Parkour nach TRuST funktioniert und wirkt. Danke für Euren Einsatz und die Leidenschaft für Parkour. Besonders sind hier Ramon Siegenthaler und Simon Gfeller zu erwähnen – ihr seid mit Eurer Erfahrung und Leidenschaft eine Liga für euch!

Ein weiteres, großes Dankeschön geht an unsere Schüler, die top motiviert am Fotoshooting teilgenommen haben. Dank Euch ist dieses Buch lebendig und authentisch geworden – Ihr seid großartig!

Last, but not least möchte ich mich herzlich bei Muriel Sutter bedanken. Dank ihrem Engagement und ihrer scheinbar unerschöpflichen Energie ist dieses Buch nun Wirklichkeit. Ich bin überzeugt, dass wir zukünftig noch weitere, wunderbare Projekte in die Tat umsetzen werden.

ONE for all and all for ONE

Roger Widmer, Autor – März 2016

Bibliografische Information der
Deutschen Nationalbibliothek

Die Deutsche Nationalbibliothek
verzeichnet diese Publikation in der
Deutschen Nationalbibliografie;
detaillierte bibliografische Daten sind
im Internet über http://dnb.d-nb.de
abrufbar.

Bestellnummer: 2961

© 2016 by Roger Widmer,
ParkourONE GmbH

www.hofmann-verlag.de

Erschienen als Band 6 der
Reihe Burner Motion

Fotos: Roger Widmer, ParkourONE
Layout: Mirjam Stücker-Allenspach

Druck: Druck- und Kalender-
Marketing Sosset GmbH, Kißlegg

Printed in Germany
ISBN 978-3-7780-2961-9

Muriel Sutter

Burner Gladiators

Kleine Fights für große Kämpfer

2016. DIN A5, 64 Seiten
ISBN 978-3-7780-2951-0

Bestell-Nr. 2951 **€ 16.90**
E-Book auf sportfachbuch.de € 13.90

Burner Gladiators sind kleine Kampfspiele, die das miteinander Kämpfen und Raufen in den Sportunterricht bringen. Bewährte Spielideen zum Kräftemessen und um das Gleichgewicht werden ergänzt durch viele neue innovative Ideen für spielerische Kämpfe, 1 gegen 1 und auch im Team. Inspiriert von Schwertkämpfen in Fantasyfilmen, Space Operas und Computerspielen wird in den Burner Gladiator Games die Schaumstoffnudel zum Lichtschwert oder Piratensäbel.
Körperlichkeit kann und darf hier erlebt werden. Spiele den Kampf!

Versandkosten € 2.–; ab einem Bestellwert von € 20.– liefern wir innerhalb von Deutschland versandkostenfrei.

Steinwasenstraße 6–8 · 73614 Schorndorf
Telefon (0 71 81) 402-125 · Telefax (0 71 81) 402-111
E-Mail: bestellung@hofmann-verlag.de · www.sportfachbuch.de

Muriel Sutter

Burner Speed Handball

einfach – attraktiv – schnell

2015. DIN A5, 72 Seiten
ISBN 978-3-7780-2941-1

Bestell-Nr. 2941   **€ 16.90**
E-Book auf sportfachbuch.de   € 13.90

Das komplexe Sportspiel Handball auch für Menschen mit begrenzten technischen Fertigkeiten erlebbar machen und gleichzeitig die Ansprüche der Lernenden nach Spiel, Spaß und intensiver Bewegung erfüllen?
Dies gelingt mit Speed Handball. Dieses Buch bietet eine erprobte Auswahl an attraktiven Spielformen mit unterschiedlichen Schwerpunkten, mit denen passen, fangen, werfen und sinnvolles Bewegen mit und ohne Ball spielerisch erarbeitet wird.

Versandkosten € 2.–; ab einem Bestellwert von € 20.– liefern wir innerhalb von Deutschland versandkostenfrei.

Steinwasenstraße 6–8 · 73614 Schorndorf
Telefon (0 71 81) 402-125 · Telefax (0 71 81) 402-111
E-Mail: bestellung@hofmann-verlag.de · www.sportfachbuch.de